UNSTERBLICH
DUFTEN DIE LINDEN

UNSTERBLICH DUFTEN DIE LINDEN

Bäume – wie Dichter sie sehen

Herausgegeben von Olaf Daecke

Urachhaus

Im Andenken an meine Schwester Sigrid Daecke
(1953–2009), die mir beim Entstehen der ersten
Ausgabe dieses Büchleins als Sprachgestalterin
hilfreich zur Seite stand.

ISBN 978-3-8251-7724-9

Neuausgabe 2013
Erstmals erschienen 2005 unter dem Titel *Die Sprache der Bäume*
in der Rosen-Bibliothek im Verlag Urachhaus, Stuttgart
www.urachhaus.de

© 2013 Verlag Freies Geistesleben & Urachhaus GmbH, Stuttgart
Gestaltung: Uschi Weismann
Umschlagabbildung: Gustav Klimt, Rosensträuche unter Bäumen,
um 1905 © akg-images / Laurent Lecat
Gesamtherstellung: Freiburger Graphische Betriebe, Freiburg

INHALT

VORWORT

Die Nachrichten von kranken Bäumen, Waldsterben und umfangreichen Abholzungen in den großen Waldgebieten der Erde gehören zur Tagesordnung unserer Zeit. In unserer nächsten Umgebung werden täglich Bäume gefällt, die Bauprojekten im Wege stehen, und es ist üblich geworden, Bäume nach Nützlichkeitsgesichtspunkten, als Gewinn bringenden Rohstoff zu betrachten.

Dichter hingegen waren zu allen Zeiten fasziniert von dem Wesen der Bäume, sie versuchten es künstlerisch zu ergründen. Auch war der Baum dem Menschen seit jeher Sinnbild, Schlüssel zum Verständnis des Lebens und Identifikationsobjekt.

Könnten wir von unserer oberflächlichen Betrachtungsweise wieder abrücken und den Bäumen, ihren Gestalten, Gesten, Verwandlungen neu begegnen? Denn Baumsterben ist nicht nur durch äußere zivilisatorische Ursachen ausgelöst, sondern vielmehr durch die Gesinnung des Menschen.

Wenn wir unsere Bäume als Verbindung zwischen Himmel und Erde und als Lebensspender sehen, in ihrer Vielgestaltigkeit liebevoll und staunend betrachten, wird das heilend wirken. Dazu möchten die ausgewählten Texte dieses Bändchens anregen.

März 2013   Olaf Daecke

EINSTIMMUNG:
BLICKE IN DIE VERGANGENHEIT

BÄUME

Säulenheilige
Jahrhunderte angewurzelt
ans Denken der Erde

schöpfen Schatten
aus dem Sonnenquell

Jeder Baum erwählt
die Luft zu bereichern
mit seinem Atem

im eingewachsenen Gewicht
ruhend

Aber die Unruhe
der Laublippen
diese Sprachspiele
jenseits
der verhärteten Rinde

Rose Ausländer   (Lit. 4)

Dann pflanzte Gott der Herr einen Garten in Eden gegen Osten und setzte den Menschen darein, den er gebildet hatte. Und Gott der Herr ließ allerlei Bäume aus der Erde wachsen, lieblich anzusehen und gut zu essen und den Baum des Lebens mitten im Garten, und den Baum der Erkenntnis des Guten und Bösen.

1. Moses 2, 8–9   (Lit. 29)

LIBANON-ZEDER*

An seinem Palaste aber baute Salomo dreizehn Jahre, bis er ihn ganz vollendet hatte. Er baute das Libanon-Waldhaus, hundert Ellen lang, fünfzig Ellen breit und dreißig Ellen hoch, auf drei Reihen von Zedernsäulen, auf denen Zedernknäufe saßen. Es war gedeckt mit Zedernholz oben über den Gemächern, die über den Säulen lagen, deren 45 waren, je fünfzehn in einer Reihe.

1. Könige 7,1–3   (Lit. 29)

Einst gingen die Bäume hin,
einen König über sich zu salben.

Und sie sprachen zum Ölbaum:
Sei unser König!

Aber der Ölbaum antwortete ihnen:
Soll ich meine Fettigkeit lassen,
mit der man Götter und Menschen ehrt,
und hingehen, über den Bäumen zu schweben?

Das sprachen die Bäume zum Feigenbaum:
So komm du und sei unser König!
Aber der Feigenbaum antwortete ihnen:
Soll ich meine Süßigkeit lassen
und meine köstliche Frucht
und hingehen, über den Bäumen zu schweben?

Da sprachen die Bäume zum Weinstock:
So komm du und sei unser König!
Aber der Weinstock antwortete ihnen:
Soll ich meinen Wein lassen,
der Götter und Menschen fröhlich macht,
und hingehen, über den Bäumen zu schweben?

Da sprachen alle Bäume zum Dornbusch:
So komm du und sei unser König!
Und der Dornbusch sprach zu den Bäumen:
Wollt ihr in Wahrheit mich salben,
dass ich König über euch sei,
so kommt und bergt euch in meinem Schatten!

Richter 9,8–15   (Lit. 29)

DATTELPALME*

Der Gerechte sprosst wie der Palmenbaum,
wächst hoch wie die Zeder auf dem Libanon.
Gepflanzt im Hause des Herrn,
sprossen sie auf in den Vorhöfen unseres Gottes.
Noch im Alter tragen sie Frucht,
sind saftvoll und frisch.

Psalm 92,13–15   (Lit. 29)

FEIGENBAUM*

Lernet von dem Gleichnis des Feigenbaumes: Wenn durch seine Zweige schon die Säfte steigen und seine Blätter sprießen, so sehet ihr, dass der Sommer nahe ist. So auch ist es mit euch selbst. Wenn ihr dies alles schaut, so erkennt ihr, dass die Offenbarung des Menschensohnes vor der Türe ist.

Markus 13,28–29   (Lit. 53)

Vipunen, der Weisenreiche,
Alter Mann, der reich beraten,
Lag gestreckt mit seinen Liedern,
Längelang mit Zauberworten,
Espe wuchs ihm auf den Schultern,
Birke wuchs aus Augenwinkeln,
Erle aus des Kinnes Spitze,
Weidenbusch auf seinem Barte,
Auf der Stirn die Eichhorntanne,
Eine Föhre auf den Zähnen.

Kalevala, aus dem 17. Gesang   (Lit. 38)

Sät auf Kuppen Kiefernwälder,
Fichten auf den Brink im Bruche,
Voller Heidekraut die Heiden,
Grünen Schößling in die Gründe.
Birken sät er in die Brüche,
Erlen in die lockre Erde,
Auf das feuchte Land den Faulbaum,
Auf das frische Lorbeerweiden,
Auf geweihten Boden Eschen,
Auf den wasserreichen Weiden,
Sät auf kargen Grund Wacholder,
An den Stromlauf sät er Eichen.

Kalevala, aus dem 2. Gesang   (Lit. 38)

Eine Esche weiß ich, heißt Yggdrasil,
Den hohen Baum netzt weißer Nebel;
Davon kommt der Tau, der in die Täler fällt.
Immergrün steht er über Urds Brunnen.

Davon kommen Frauen, vielwissende,
Drei aus dem See dort unterm Wipfel.
Urd heißt die eine, die andre Werdandi;
Sie schnitten Stäbe; Skuld hieß die dritte.
Sie legten Lose, das Leben bestimmten sie
Den Geschlechtern der Menschen,
das Schicksal verkündend.

Ältere Edda, Wöluspa   (Lit. 19)

Gleichwie ein Baum, des Waldes Fürst,
So ist der Mensch, das ist gewiss.
Die Haare sind an ihm Blätter,
Die Haut der Außenrinde gleicht,
Aus seiner Haut entströmt das Blut,
Wie aus des Baumes Haut der Saft;
Es fließt aus dem Verwundeten
Wie Saft des Baums, wenn der verletzt.
Das Fleisch dem Holz vergleichbar ist,
Dem Bast die Sehne, darum stark.
Die Knochen sind das Innenholz,
Das Mark vergleicht dem Marke sich.

Upanischaden   (Lit. 61)

Die Seele ist also für den Körper, was der Saft für den Baum ist, und ihre Kräfte entfalten sich wie der Baum seine Gestalt. Die Erkenntnis gleicht dem Grün der Zweige und Blätter, der Wille den Blüten, das Gemüt ist wie die zuerst hervorbrechende, die Vernunft wie die voll ausgereifte Frucht. Der Sinn endlich gleicht der Ausdehnung des Baumes in die Höhe und Breite ... Wie durch den Saft alle Früchte des Baumes gedeihen, so werden durch die Seele alle Werke des Menschen verwirklicht.

Hildegard von Bingen   *(Lit. 40)*

DELPHOI, ÖLWALD VON KRISA

Vom Meer her muss man in Delphoi ankommen, das ist der alte Pilgerweg, so muss es sein …

Ein schmaler Fußweg läuft durch den Ölwald von Krisa. Es ist der schönste und älteste Ölwald, den es in Griechenland gibt; es ist wirklich ein heiliger Hain. Im Frühling ist er von Millionen Anemonen beblüht. Man läuft einige Stunden, es ist heiß und das Glitzern der gefiederten Blätter nimmt einen gefangen. Die Stämme drehen sich, während man läuft, und da es immer nur diese unzählbaren wissenden, verzauberten Baumwesen sind, die man sieht, gerät man in eine Art Taumel hinein. Neben jüngeren, nachgepflanzten Stämmen stehen uralte, dicke, auch hohle: Holz und Rinde, bildgewordene Zeit …

Wenn es wahr ist, wie man hört, dass ein Ölbaum zweitausend Jahre alt werden kann, so hätte manch einer von ihnen die Zeiten erlebt, wo in Delphoi die Götter noch wohnten. Dann pflückte man also vom selben Baum einen Zweig wie die Pilger. Dass etwas Lebendiges lebend die Zeit überstanden haben soll, ist ein Wunder …

Erhart Kästner   (Lit. 36)

DES ALTEN BAUMES FLUCHGESANG

Wie konnt ich träumen doch den Traum
Von Vogelsang und Sonnenschein!
Ich armer, unglücksel'ger Baum,
Nun ich erwacht, was harret mein!

Wie Mörder nahen sie heran
Mit Stricken, Sägen, Axt und Beil,
Als ob ich wär' in Acht und Bann
Und für ein schnödes Handgeld feil!

Fluch Euch, dass Ihr es habt gewagt
Und mir den Frühling nimmer gönnt,
Und mich in Stücke sägt und schlagt,
Weil's Euch beliebt und Ihr es könnt!

Der Uhu, dessen Nest ich war,
Gewiss, er wird schon rächen mich:
Er singet Euch zum Neuen Jahr,
Dass Ihr so sterblich seid wie ich!

Hoffmann von Fallersleben   *(Lit. 48)*

Wald, Bestand an Bäumen, zählbar,
Schonungen, Abholzung, Holz- und
    Papierindustrie,
Mischwald ist am rentabelsten
Schädlinge, Vogelschutz
Wildbestand, Hege, Jagdgesetze
Beeren, Bucheckern, Pilze, Reisig
Waldboden, Wind, Jahreszeiten,
Zivilisationslandschaft

Zauberwald Merlins
Einhorn (das Tier, das es nicht gibt)
    das uns bevorsteht,
    das wir nicht wollten
    die vergessene Zukunft

Günter Eich   (Lit. 20)

BESCHREIBUNGEN

DIE LÄRCHE

Die Lärche gilt unter den Nadelgeschwistern,
sie birgt das lichte Haupt.
Die Schwermut hab ich in ihrem Gezweige
wie einen Geist zu sehen geglaubt.

Keinen Flügel hebt der Herbstwind dem Samen,
die Schuppen hüten ihn winterlos jung.
Im Astwerk bewahrt sie verjährte Zapfen
wie ich die taube Erinnerung.

Welcher Geist mag das Gezweige bewohnen,
wenn es die Nacht mit Sternen belaubt?
Unter dem vollen und schwindenden Monde
berge ich wie die Lärche das Haupt.

Günter Eich   (Lit. 20)

DIE ULME ZU HIRSAU

Zu Hirsau in den Trümmern,
Da wiegt ein Ulmenbaum
Frischgrünend seine Krone
Hoch überm Giebelsaum.

Er wurzelt tief im Grunde
Vom alten Klosterbau,
Er wölbt sich statt des Daches
Hinaus ins Himmelsblau.

Weil des Gemäuers Enge
Ihm Luft und Sonne nahm
So trieb's ihn hoch und höher,
Bis er zum Lichte kam.

Es ragen die vier Wände,
Als ob sie nur bestimmt,
Den kühnen Wuchs zu schirmen,
Der zu den Wolken klimmt.

Wenn dort im kühlen Tale
Ich einsam mich erging,

Die Ulme war's, die hehre,
Woran mein Sinnen hing.

Wenn in dem dumpfen, stummen
Getrümmer ich gelauscht,
Da hat ihr reger Wipfel
Im Windesflug gerauscht.

Ich sah ihn oft erglühen
Im ersten Morgenstrahl;
Ich sah ihn noch erleuchtet,
Wann schattig rings das Tal.

Zu Wittenberg im Kloster
Wuchs auch ein solcher Strauß'
Und brach mit Riesenästen
Zum Klausendach hinaus.

O Strahl des Lichts! du dringest
Hinab in jede Gruft.
O Geist der Welt! du ringest
Hinauf in Licht und Luft.

Ludwig Uhland   *(Lit. 60)*

DIE BUCHE

Die Buche sagt: »Mein Walten bleibt das Laub.
Ich bin kein Baum mit sprechenden Gedanken,
Mein Ausdruck wird ein Ästeüberranken,
Ich bin das Laub, die Krone überm Staub.

Den warmen Aufruf mag ich rasch vertraun,
Ich fang' im Frühling selig an zu reden,
Ich wende mich in schlichter Art an jeden.
Du staunst, denn ich beginne rostigbraun!

Mein Waldgehaben zeigt mich sommerfroh.
Ich will, dass Nebel sich um Äste legen,
Ich mag das Nass: ich selber bin der Regen.
Die Hitze stirbt: ich grüne lichterloh!

Die Winterspflicht erfüll ich ernst und grau.
Doch schütt' ich erst den Herbst aus meinem Wesen.
Er ist noch niemals ohne mich gewesen.
Da werd' ich Teppich, sammetrote Au.«

Theodor Däubler   *(Lit. 13)*

DIE ZEDER

Ich wachse langsam. Meine Zeit ist
Eine lange Geduldigkeit.
An jedem wachs ich, was mir ward.
Kein Reif zu jäh, kein Frost zu hart.
Ich wachs am Dunkel, daraus ich stieg.
Ich wachs im Licht, darin ich mich wieg.
Ich wachs am Wurm, der an mir nagt.
Ich wachs am Sturm, der durch mich jagt.
Verwandelnd zwing ich jede Kraft,
Hinaufzudehnen meinen Schaft.
Ich dulde Blitz und Glut und Guss,
Ich weiß nur, dass ich wachsen muss.
Und schau ich noch auf alle Welt,
Und kommt die Stunde, die mich fällt,
Schmück Tempel ich und Paradies
Des Gottes, der mich wachsen ließ.

Ernst Bertram   (Lit. 8)

KASTANIE IM WINTER

Wintersonne im Baumgeäst,
Leuchtende Frucht.
Du hältst Himmel
Und Erde
In deinem Strahlenglanz.

Schattenwurf
Auf weißem Feld.
Grautönende Farb-Gebärden
Atmendes Licht.

Tiefe der Welt!
Weit umfassender
Glanz der Stunde!

Gerhard Joedicke   *(Lit. 2)*

Ueberhaupt liegt in den Bäumen ein unglaublicher Charakter der Sehnsucht, wenn sie so fest und beschränkt im Boden stehen, und sich mit den Wipfeln, so weit sie können, über die Gränzen der Wurzeln hinausbewegen.

Wilhelm von Humboldt *(Lit. 35)*

IMPRESSIONEN

EINKEHR

Bei einem Wirte wundermild,
Da war ich jüngst zu Gast;
Ein goldner Apfel war sein Schild
An einem langen Aste.

Es war der gute Apfelbaum,
Bei dem ich eingekehret;
Mit süßer Kost und frischem Schaum
Hat er mich wohl genähret.

Es kamen in sein grünes Haus
Viel leicht beschwingte Gäste;
Sie sprangen frei und hielten Schmaus
Und sangen auf das beste.

Ich fand ein Bett zu süßer Ruh
Auf weichen, grünen Matten;
Der Wirt, er deckte selbst mich zu
Mit seinem kühlen Schatten.

Nun fragt ich nach der Schuldigkeit,
Da schüttelt' er den Wipfel.
Gesegnet sei er alle Zeit
Von der Wurzel bis zum Gipfel!

Ludwig Uhland   *(Lit. 60)*

IN DER HEIDE

Hell am Wege stehen Birken,
einsam in der weiten Heide,
Blumen auf der Bienenweide
singen lautlos Gottes wirken.

Abendsonne strahlt hernieder
auf die tagesmüde Erde,
heimwärts zieht am Bach die Herde
und die Hirten singen Lieder.

Gebhard Schuhböck   (Lit. 56)

ÜBER DIE BIRKEN

Birke weiß und Wolke weiß
sah ich eben gestern
flüstern miteinander leis
wie zwei liebe Schwestern.

Birke hin und Wolke her,
mochte keine scheiden.
War wohl eine zarte Mär
zwischen ihnen beiden.

Wolke weiß und Birke weiß
eine bei der andern –
bis ein himmlisches Geheiß
hieß die Wolke wandern.

Hermann Claudius   *(Lit. 11)*

KIRSCH-BLÜHTE BEY DER NACHT

Ich sahe mit betrachtendem Gemüte
Jüngst einen Kirsch-Baum, welcher blüh'te,
In küler Nacht beym Monden-Schein;
Ich glaubt', es könne nichts von gröss'rer Weisse sein.
Es schien, als wär' ein Schnee gefallen.
Ein jeder, auch der klein'ste Ast
Trug gleichsam eine rechte Last
Von zierlich-weissen runden Ballen.
Es ist kein Schwan so weiss, da nemlich jedes Blatt,
Indem daselbst des Mondes sanftes Licht
Selbst durch die zarten Blätter bricht,
So gar den Schatten weiss und sonder Schwärze hat.
Unmöglich, dacht' ich, kann auf Erden
Was weissers ausgefunden werden.

...

Barthold Hinrich Brockes   *(Lit. 15)*

LIED EINES WALDES

Arven im harfenden Wind –
schwarze Akkorde sich ballen,
wallen auf und verhallen,
wo das Singen beginnt.

Lärchen, von Strahlen gestimmt –
Melodie wie von Geigen
schwingt aus schwirrenden Zweigen,
bis sie am Himmel verglimmt.

Tannen, um Schatten gestuft –
lauschen taucht in die Pausen,
schöpft aus dem Schweigen das Brausen
neu und das Lied, das ruft.

Rudolf Treichler   (Lit. 17)

Durch des Äthers blaues Schweigen
geht Bewegung grüner Bäume,
und ein Rauschen in den Zweigen
mischt sich in der Brandung Schäume.
Und ein kleiner Vogel kündet
alles dies mit seinem Liede,
das in meinem Herzen mündet;
und so blüht um mich ein Friede.

Gerhart Hauptmann   *(Lit. 28)*

BEIM ANBLICK EINES BAUMES

Die Vöglein sind zu beneiden,
sie meiden,
an Stamm und Wurzel zu denken,
und selbstzufrieden schaukeln den ganzen Tag die behenden
und singen auf letztverzweigten Enden.

Paul Klee   *(Lit. 41)*

Welch ein Schweigen, welch ein Frieden
in dem stillen Alpentale.
Laute Welt ruht abgeschieden.
Silbern schwankt des Mondes Schale.

Von den Wiesen strömt ein Düften.
Aus den Wäldern lugt das Dunkel.
Brausend aus geheimen Klüften
bricht der Bäche fahl Gefunkel.

Überm Saum der letzten Bäume
weiße Wände stehn und steigen
in die blauen Sternenräume.
Welch ein Frieden, welch ein Schweigen.

Christian Morgenstern   *(Lit. 49)*

LIED AUS MASUREN*

Überm Wasser, überm See,
weiß ich eine Linde stehn.
Und in der Linde
rauschendem Gezweige
sangen da drei Vögel schön.

Die drei Vögel in dem Baum
sangen einen schönen Traum
von einer Linde,
die im Himmel stünde,
hatte goldene Zweige viel.

Goldne Blätter hat der Baum,
zählen kannst du sie wohl kaum.
Und in dem Winde
schwingen sie gelinde,
klingen in viel Tönen zart.

Verfasser unbekannt   (Lit. 44)

WALDKONZERTE ...

Waldkonzerte! Waldwindchöre!
Düstres Solo strenger Föhre –
Tannensatz nach tiefem Schweigen –
heller Birken Mädchenreigen –

Buschgeschwätze – Gräserlieder –
Blätterskalen auf und nieder – –
wenn ich euch nur immer höre –
Waldkonzerte! Waldwindchöre!

Christian Morgenstern   (Lit. 49)

WALDSTIMME

Wie deine grüngoldenen Augen funkeln,
Wald, du mooriger Träumer,
Wie so versonnen deine Gedanken dunkeln,
Saftstrotzender Tagesversäumer,
Einsiedel, schwer von Leben!

Über der Wipfel Hin- und Wiederschweben:
Wie's Atem holt
und näher kommt
und braust,
Und weiter zieht
und stille wird
und saust!
Über der Wipfel Hin- und Wiederschweben,
Hochoben steht ein ernster Ton,

Dem lauschten tausend Jahre schon
Und werden tausend Jahre lauschen.
Und immer dieses starke, donnerdunkle Rauschen.

Peter Hille   (Lit. 32)

MITTAG

Am Waldessaume träumt die Föhre,
Am Himmel weiße Wölkchen nur,
Es ist so still, dass ich sie *höre*,
Die tiefe Stille der Natur.

Rings Sonnenschein auf Wies' und Wegen,
Die Wipfel stumm, kein Lüftchen wach,
Und doch, es klingt, als ström' ein Regen
Leis tönend auf das Blätterdach.

Theodor Fontane   (Lit. 24)

AN DEN BAUM

Ich sah, wie dich das Grün umfing,
verhüllte das Geäst …
Du warst der Baum, du bist der Baum,
bist eins und bist doch zwei.

Dein Luftgewand und Lebenskleid –
dein Erdgebild und Todsymbol,
wie fühlen wir dich tief.

Und wenn die vollen Zweige wehn,
entschleiernd blaue Ferne,
so leitet uns dein Finger sanft
zum Schaun der Ewigkeit.

Ulla Weymann   *(Lit. 2)*

DU NAHST DICH WIEDER

Du nahst dich wieder,
Herbstlicher Hauch.
Unter den Bäumen
Welch ein Duft!
Blatt färbt sich
Um Blatt.
Vergilbtes Laub,
Vom Licht durchloht.
Die Flamme brennt
Auch mir in der Brust.
Flugasche streift
Meine Hand.

Hartmut Lux   (Lit. 2)

ALTER BAUM IM SONNENAUFGANG

Frühnebel steigt aus einsam altem Baum.
Es lichten sich die weiten Astwerkräume,
Die purpurbraunen, rostbespritzten Blätter,
Die nur der Frost noch festhält. Schwarz von Osten
Aufwogt Gebirg. Aus hoher Gipfelzacke
Strömt weißer Brand und saugt in großen Zügen
Den Dunst nach oben, schräge Strahlen lagern
Herab, leis knisternd fallen Blätter –
Und stärker schüttert Licht. Es klingt, braust,– schaudernd
Erwacht der dunkle Baumgeist; in die Sonne
Reckt er sich tausendzweigig, nieder
Wirft er die breite purpurne Belaubung,
Und Himmel, Himmel füllt das nackte Holz.

Hans Carossa *(Lit. 10)*

EIN GROSSER NUSSBAUM

Ein großer Nussbaum stand wie eine grüne Laube,
Ein Weg ging drunter hin im Staube,
Fern lag ein Dorf, ein Fluss mit Berggeländen.
Der große Baum hielt in den grünen Blätterhänden
Landschaften gleich wie farbige Gedanken,
Die bald voll Wolken standen, bald im Licht versanken.
Und du und ich, wir lehnten in dem Schatten
Und teilten mit dem Baum, was wir im Herzen hatten.

Max Dauthendey   (Lit. 12)

ZYPRESSE

Zwischen Piniengewölk, einsamer Wächter,
Flammt die Zypresse auf in silberne Bläue.
Zeit und Not der Altgeschlechter
Schlafen lange unter ihrem Fuß.

Wessen Blick kann ihren Wuchs erschweifen?
Wind erschreckt nicht mehr das Grün der Säule.
In sich wogt der Baum und mag nicht greifen,
Schweigen ist sein Glaube, ist sein Gruß.

Flammenhaftes wandelt sich in Kühle,
Lebt auch darin noch die Kraft der Sonne?
Durch das Astwerk pulsen die Gefühle,
Füllen sich die bunten Schattenlichter.

Feurigschwarz schlägt es zurück, nach oben,
Blitzend werden Hügel mitgerissen.
Mit dem Baumes-Inneren verwoben,
Wie Gesang durchströmts den Dichter.

Hermann Kasack   (Lit. 39)

Es können im Hof eines Bauernhauses eine alte Linde und ein gekrümmter Nussbaum beisammenstehen und zwischen ihnen im Rasen durch eine Rinne aus glänzenden Steinen das Wasser aus dem Brunnentrog ablaufen, und es kann ein Anblick sein, der durchs Auge hindurch die Seele so ausfüllt wie kein Claude Lorrain. Ein einziger alter Ahorn adelt einen ganzen Garten, eine einzige majestätische Buche, eine einzige riesige Kastanie, die die halbe Nacht in ihrer Krone trägt.

Hugo von Hofmannsthal, aus »Gärten«   *(Lit. 33)*

Lebet wohl, geliebte Bäume!
Wachset in der Himmelsluft.
Tausend liebevolle Träume
Schlingen sich durch euren Duft.

Doch was steh' ich und verweile?
Wie so schwer, so bang ist's mir?
Ja, ich gehe! Ja, ich eile!
Aber, ach! mein Herz bleibt hier.

Johann Wolfgang Goethe   *(Lit. 27)*

ÖLBAUM UND WEIDE

Im schroffen Anstieg brüchiger Terrassen
dort oben der Ölbaum,
am Mauerrand
der Geist der Steine,
noch immer
die leichte Brandung
von grauem Silber in der Luft,
wenn Wind die blasse Unterseite
des Laubs nach oben kehrt.

Der Abend wirft sein Fangnetz ins Gezweig.
Die Urne aus Licht
versinkt im Meer.
Es ankern Schatten in der Bucht.

Sie kommen wieder, verschwimmend im Nebel,
durchtränkt
vom Schilfdunst märkischer Wiesen,
die wendischen Weidenmütter,
die warzigen Alten
mit klaffender Brust,
am Rande der Teiche,
der dunkeläugig verschlossenen Wasser,
die Füße in die Erde grabend,
die mein Gedächtnis ist.

Peter Huchel   (Lit. 34)

MENSCH UND BAUM –
BEZIEHUNGEN

ÜBER BÄUME

Das Gespräch über Bäume
wird nie beendet
solange es Worte und
Bäume gibt

Wer mag leben
ohne den Trost der Bäume

Den Baum der Erkenntnis
hat keiner
erkannt

Rose Ausländer   *(Lit. 6)*

Dass ich mich hierher zurückgezogen habe, ist keine »Weltflucht«. Nirgends fühle ich mich so sehr inmitten der lebendigen Welt. Da gibt es ein paar vereinzelte, knorzige Lärchenbäume, oberhalb der Waldgrenze auf der Hannig-Alp, die ihre sechshundert bis tausend Jahre alt sind, manche sturmverkrümmt, von den Schneelasten der Winter gebeugt, einer vom Blitz gespalten und dennoch hochragend und aufrecht. Im Herbst verfärbten sie sich zu van-Goghschem Ocker und Orange, dann vergilben die Nadeln und fallen ab, aber in jedem Frühling bedecken sich die Zweige dieser biblischen Greise wieder mit dem zartesten, lichtesten Jugendgrün, von kleinen, rosenfarbenen Pollenansätzen durchsprenkelt. Jedesmal, wenn ich an einem dieser Kerle vorbeikomme, ziehe ich meinen Hut. Wem könnte man mehr Respekt entgegenbringen?

Carl Zuckmayer (Lit. 64)

DER LIEBLINGSBAUM

Den ich pflanzte, junger Baum,
Dessen Wuchs mich freute,
Zähl ich deine Lenze, kaum
Sind es zwanzig heute.

Oft im Geist ergötzt es mich,
Über mir im Blauen,
Schlankes Astgebilde, dich
Mächtig auszubauen.

Lichtdurchwirkten Schatten nur
Legst du auf die Matten,
Eh du dunkel deckst die Flur,
Bin ich selbst ein Schatten.

Aber haschen soll mich nicht
Stygisches Gesinde,
Weichen werd ich aus dem Licht
Unter deine Rinde.

Frische Säfte rieseln laut,
Rieseln durch die Stille,
Um mich, in mir webt und baut
Ew'ger Lebenswille.

Halb bewusst und halb im Traum
Über mir im Lichten
Werd ich, mein geliebter Baum,
Dich zu Ende dichten.

Conrad Ferdinand Meyer   *(Lit. 47)*

DER LINDENBAUM

Am Brunnen vor dem Tore
Da steht ein Lindenbaum:
Ich träumt' in seinem Schatten
So manchen süßen Traum.

Ich schnitt in seine Rinde
So manches liebe Wort;
Es zog in Freud' und Leide
Zu ihm mich immer fort.

Ich musst' auch heute wandern
Vorbei in tiefer Nacht,
Da hab' ich noch im Dunkel
Die Augen zugemacht.

Und seine Zweige rauschten,
Als riefen sie mir zu:
Komm her zu mir, Geselle,
Hier findst du deine Ruh'!

Die kalten Winde bliesen
Mir grad ins Angesicht,
Der Hut flog mir vom Kopfe,
Ich wendete mich nicht.

Nun bin ich manche Stunde
Entfernt von jenem Ort,
Und immer hör' ich's rauschen:
Du fändest Ruhe dort!

Wilhelm Müller   (Lit. 51)

DIE BIRKE

Wie aus tiefer Nacht
Taucht für mich die Birke –
Erst sehr leis gewacht
Fühle ich ihre Wirke …

Gestern noch im Eichenlaub
Ulmenbaum umspielt
Birke wie aus Sonnenraub
Mir ins Herz gezielt

Weiß und Gold
Im Blau und Grün
Sonne Du: herabgeholt
Sieh' dich spiegelnd glühn.

Petra Lodahl   *(Lit. 45)*

Bäume sind mehr als Blätter,
Zweige, Äste und Stämme.
Sie sind Persönlichkeiten,
die Erhabenheit, Kraft
und Anmut verbreiten.
Bäume sind Erzähler,
die ihre Geschichten vielen
Generationen von Betrachtern
weitergeben.

Verfasser nicht bekannt (*Lit. 46*)

Ich bleibe oft vor Bäumen stehn
und grüße sie als meinesgleichen
und lasse im Vorübergehn
die Zweige meine Stirne streichen.
So hol ich mir auf meinen Wegen
den Eichen- und den Buchensegen.

Verfasser nicht bekannt *(Lit. 14)*

Wenn ich ein Stückchen Land besäße, ich würde mir ein kleines Wäldchen von Ebereschen pflanzen. Ein einziger der glühenden Bäume könnte schon das Glück eines Spätsommers ausmachen und verklären.

Else Lasker-Schüler, aus »Die Eberesche« *(Lit. 43)*

WAS DER ALTE BAUM SAGTE

Neben der Straße, die durch dieses Tal läuft, steht ein alter Baum. Er steht einfach nur da, kann sich nicht rühren, durch seine Wurzel fest an seinem Platz verankert. Als ich an ihm vorbeiradelte, dachte ich, wie traurig es sein muss, an einer Straße wie dieser aufzuwachsen, die anderen vorbeireisen zu sehen, tagein, tagaus, während du dich selbst keinen Meter von der Stelle bewegen kannst.

Doch der Baum lächelte mich unbeschwert an und sagte: »Sich zu bewegen und zu reisen sind nicht das Gleiche: Es ist dein Körper, der sich bewegt, aber es ist dein Herz, das auf Reisen geht. So ist es möglich, sich stundenlang in einer Richtung zu bewegen, ohne einen Zentimeter weiterzukommen, genauso wie es möglich ist, zum Horizont zu reisen, ohne dabei mehr als nur als die Gedanken zu bewegen.«

Ich weiß nicht, ob das wahr ist, doch für mich klang es so, als könnte es stimmen, auch wenn es nur ein alter Baum war, der das sagte, dort im Tal der Romache.

Dorothee Lang   *(Lit. 42)*

ZWEI PAPPELN*

Oberhalb des Ails stehen auf einem Hügel zwei große Pappeln. Ich kenne sie, seit ich denken kann ...

Wie oft bin ich von weiten Reisen in meinen Ail zurückgekehrt, und jedesmal habe ich mit banger Beklemmung gedacht: Werd ich euch bald sehen, meine lieben Zwillingspappeln? Nur schnell in den Ail, nur schnell auf den Hügel zu den Pappeln. Und dann lange unter den Bäumen stehen und mich am Rauschen der Blätter satt hören!

In unserem Ail gibt es vielerlei Bäume, aber die Pappeln sind etwas ganz Besonderes – sie haben ihre eigene Sprache und sicherlich auch ihre eigene klingende Seele. Wann immer man auf den Hügel kommt, am Tag oder bei Nacht, sie wiegen ihre Kronen, regen ihre Zweige und rauschen in den verschiedensten Tonlagen. – Bald hört es sich an, als plätschere eine leise Meereswelle auf den Ufersand, bald huscht gleich einem unsichtbaren Flämmchen ein heißes, leidenschaftliches Flüstern durch die Zweige, bald ertönt nach sekundenlanger Stille plötzlich ein tiefer Seufzer im bewegten Laub, als sehnten sich die Pappeln nach jemandem. Und wenn Stürme und Gewitterwolken herannahen, Zweige knickend und Blätter abreißend, dann wiegen sich die Pappeln geschmeidig und lassen ein Brausen hören wie eine lodernde Flamme.

Später, nach vielen Jahren, habe ich das Geheimnis der beiden Pappeln begriffen. Sie stehen auf einer Anhöhe, von allen Seiten Wind und Wetter preisgegeben, antworten auf das leiseste Lüftlein, und ihre Blätter regen sich bei jedem Hauch. – Diese einfache Erklärung war mir jedoch keine Enttäuschung, sie hat mir nichts von der Empfindung meiner Kinderjahre geraubt. Und bis auf den heutigen Tag dünken mich die beiden Pappeln auf dem Hügel ungewöhnlich, lebendig. Dort ist meine Kindheit zurückgeblieben wie ein abgesplittertes Stück eines grünen Zauberkristalls …

Tschingis Aitmatow, aus »Der erste Lehrer«   (Lit. 1)

VERSÄUMNIS

Viel zu wenig kenne ich die Bäume,
Die vor meinem Fenster stehn und rauschen.
Viel zu selten baun sich meine Träume
Nester, um die Winde zu belauschen.
Und des Himmels Silberwolkenspiele
Gehn vorüber, ohne mich zu trösten –
Ganz vergessen habe ich so viele
Wunder, die mir einst das Herz erlösten.

Ina Seidel   (Lit. 57)

JETZT REDE DU!

Du warest mir ein täglich Wanderziel,
Viellieber Wald, in dumpfen Jugendtagen,
Ich hatte dir geträumtes Glück so viel
Anzuvertraun, so wahren Schmerz zu klagen.
Und wieder such ich dich, du dunkler Hort,
Und deines Wipfelmeers gewaltig Rauschen –
Jetzt rede du! Ich lasse dir das Wort!
Verstummt ist Klag und Jubel. Ich will lauschen.

Conrad Ferdinand Meyer *(Lit. 47)*

LINGUISTIK

Du musst mit dem Obstbaum reden.

Erfinde eine neue Sprache,
die Kirschblütensprache,
Apfelblütenworte,
rosa und weiße Worte,
die der Wind
lautlos
davonträgt.

Vertraue dich dem Obstbaum an,
wenn dir ein Unrecht geschieht.

Lerne zu schweigen
in der rosa
und weißen Sprache.

Hilde Domin   *(Lit. 16)*

ZIEHENDE LANDSCHAFT

Man muss weggehen können
und doch sein wie ein Baum:
als bliebe die Wurzel im Boden,
als zöge die Landschaft und wir ständen fest.
Man muss den Atem anhalten,
bis der Wind nachlässt
und die fremde Luft um uns zu kreisen beginnt,
bis das Spiel von Licht und Schatten,
von Grün und Blau,
die alten Muster zeigt
und wir zuhause sind,
wo es auch sei,
und niedersitzen können und uns anlehnen,
als sei es an das Grab
unserer Mutter.

Hilde Domin   (Lit. 16)

BAUM

Ich bin ein Baum
voller Vögel
trinke ihren Gesang

Aus den Wurzeln
wächst mein Schicksal
Schmerz und Sprache
ins Staunen

Rose Ausländer   *(Lit. 5)*

Nachdem ich den Gesundheitszustand deiner Rose geprüft
hatte, habe ich noch den Nussbaum und den Kirschbaum
begrüßt, meine Lieblingsbäume.
Weißt du noch, wie du mich immer ausgelacht hast, wenn
ich Baumstämme streichelte? »Was machst du da?« sagtest
du. »Das ist doch kein Pferderücken.« …
Von dem Augenblick an, in dem [der Baum] aus der Erde
sprießt, bis zu seinem Tod bleibt er immer an derselben

Stelle. Mit seinen Wurzeln ist er dem Herzen der Erde näher als jedes andere Ding, mit seiner Krone ist er dem Himmel am nächsten. Der Saft strömt durch sein Inneres, von oben nach unten, von unten nach oben. Er dehnt sich aus und nimmt sich zurück, je nach dem Licht des Tages. Er wartet auf den Regen, er wartet auf die Sonne, er wartet auf die Jahreszeit, dann auf die nächste, er wartet auf den Tod. Nichts von dem, was es ihm ermöglicht zu leben, hängt von seinem Willen ab. Er ist da und Schluss. Verstehst du jetzt, warum es schön ist, Bäume zu streicheln? Wegen ihrer Festigkeit, wegen ihres Atems, der so lang, so ruhig, so tief ist. Irgendwo in der Bibel steht geschrieben, Gott habe große Nasenlöcher. Auch wenn es ein wenig unehrerbietig ist, ist mir doch jedesmal, wenn ich versuchte, mir den Anblick des göttlichen Wesens vorzustellen, das Bild einer Eiche in den Sinn gekommen.

Susanna Tamaro, aus »Geh, wohin dein Herz dich trägt«   *(Lit. 59)*

MIT AUGENZWINKERN
BETRACHTET

BIRKENLEGENDCHEN

Birke, du schwankende, schlanke,
Wiegend am blassgrünen Hag,
Lieblicher Gottesgedanke
Vom dritten Schöpfungstag!

Gott stand und formte der Pflanzen
Endlos wuchernd Geschlecht,
Schuf die Eschen zu Lanzen,
Weiden zum Schildegeflecht.

Gott schuf die Nessel zum Leide,
Alraunenwurzeln zum Scherz,
Gott schuf die Rebe zur Freude,
Gott schuf die Distel zum Schmerz.

Mitten in Arbeit und Plage
Hat er ganz leise gelacht,
Als an den sechsten der Tage,
Als er an Eva gedacht.

Sinnend in göttlichen Träumen
Gab seine Schöpfergewalt
Von den mannhaften Bäumen
Einem die Mädchengestalt.

Göttliche Hände im Spiele
Lockten ihr blonden das Haar,
Dass ihre Haut ihm gefiele,
Seiden und schimmernd sie war.

Biegt sie und schmiegt sie im Winde
Zärtlich der Zweiglein Schwarm,
Wiegt sie, als liegt ihr ein Kinde
Frühlingsglückselig im Arm.

Birke, du mädchenhaft schlanke,
Schwankend am grünenden Hag,
Lieblicher Gottesgedanke
Vom dritten Schöpfungstag.

Börries von Münchhausen   (Lit. 52)

DIE ROSSKASTANIE

Wie trägt sie bloß
ihr hartes Los

in Straßenhitze und Gestank ?
Und niemals Urlaub, keinen Dank!

Bedenk, Gott prüft sie ja nicht nur,
er gab ihr auch die Rossnatur.

Karl Heinrich Waggerl   (Lit. 62)

Da stehen sie am Wege nun
die langen Müßiggänger,
und haben weiter nichts zu tun
und werden immer länger.

Da stehn sie mit dem steifen Hals,
die ungeschlachten Pappeln,
und wissen nichts zu machen, als
mit ihren Blättern zappeln.

Sie tragen nicht, sie schatten nicht
und rauben, wo wir wallen,
uns nur der Landschaft Angesicht.
Wem könnten sie gefallen?

Friedrich Rückert   *(Lit. 14)*

BEKANNTSCHAFT

Ich habe einen Lieblingsbaum,
der steht auf Usedom;
bewundernd muss ich zu ihm schaun,
sooft vorbei ich komm'.

Er ist ganz knorrig, dick und groß,
von eichener Gestalt;
doch Zärtlichkeit ist im Geäst
und in der Wurzel Halt.

Ihn schützt kein Haus und auch kein Zaun,
er steht am Straßenrand;
ein jeder, der ihn sehen will,
macht sich mit ihm bekannt.

Ich grüß' ihn oft und ruf' ihm zu:
He Du, bleib tapfer stehn!
Ich möchte Dich mein Leben lang
Auf dieser Stelle sehn.

Gudrun Busch   *(Lit. 9)*

Ein Fichtenbaum steht einsam
Im Norden auf kahler Höh'.
Ihn schläfert; mit weißer Decke
Umhüllen ihn Eis und Schnee.

Er träumt von einer Palme,
Die, fern im Morgenland,
Einsam und schweigend trauert
Auf brennender Felsenwand.

Heinrich Heine   (Lit. 30)

Der Kirschbaum blüht, ich sitze da im Stillen,
Die Blüte sinkt und mag die Lippen füllen,
Auch sinkt der Mond schon in der Erde Schoß,
Und schien so munter, schien so rot und groß;
Die Sterne blinken zweifelhaft im Blauen,
Und leidens nicht, sie weiter anzuschauen.

Achim von Arnim, aus »Der Schlaf«   (Lit. 3)

DIE WÄLDER SCHWEIGEN

Die Jahreszeiten wandern durch die Wälder.
Man sieht es nicht. Man liest es nur im Blatt.
Die Jahreszeiten strolchen durch die Felder.
Man zählt die Tage. Und man zählt die Gelder.
Man sehnt sich fort aus dem Geschrei der Stadt.

Das Dächermeer schlägt ziegelrote Wellen.
Die Luft ist dick und wie aus grauem Tuch.
Man träumt von Äckern und von Pferdeställen.
Man träumt von grünen Teichen und Forellen.
Und möchte in die Stille zu Besuch.

Die Seele wird vom Pflastertreten krumm.
Mit Bäumen kann man wie mit Brüdern reden
und tauscht bei ihnen seine Seele um.
Die Wälder schweigen. Doch sie sind nicht stumm.
Und wer auch kommen mag, sie trösten jeden.

Man flieht aus den Büros und den Fabriken.
Wohin, ist gleich! Die Erde ist ja rund!
Dort, wo die Gräser wie Bekannte nicken
und wo die Spinnen seidne Strümpfe stricken,
wird man gesund.

Erich Kästner   (Lit. 37)

Der Baum hat Äste
Das ist das Beste
Denn wäre er kahl
Dann wär's 'n Pfahl

Heinz Erhardt   (Lit. 22)

DIE ZWEI WURZELN

Zwei Tannenwurzeln groß und alt
unterhalten sich im Wald.

Was droben in den Wipfeln rauscht,
das wird hier unten ausgetauscht:

Ein altes Eichhorn sitzt dabei
und strickt wohl Strümpfe für die zwei.

Die eine sagt: knig. Die andre sagt knag.
Das ist genug für einen Tag.

Christian Morgenstern   (Lit. 50)

SOMMERNACHT IM HOCHWALD

Im Hochwald sonngesegnet
hat's lange nicht geregnet.

Doch schaffen sich die Bäume
dort ihre Regenträume.

Die Espen und die Erlen –
sie prickeln und sie perlen.

Das ist ein Sprühn und Klopfen
als wie von tausend Tropfen.

Die Lärchen und die Birken –
sie fühlen flugs es wirken.

Die Fichten und die Föhren –
sie lassen sich betören!

Der Wind weht kühl und leise.
Die Sterne stehn im Kreise.

Die Espen und die Erlen:
sie schaudern tausend Perlen …

Christian Morgenstern   (Lit. 49)

DIE ZIRBELKIEFER

Die Zirbelkiefer sieht sich an
auf ihre Zirbeldrüse hin;
sie las in einem Buche jüngst,
die Seele säße dort darin.

Sie säße dort wie ein Insekt
voll wundersamer Lieblichkeit,
von Gottes Allmacht ausgeheckt
und außerordentlich gescheit.

Die Zirbelkiefer sieht sich an
auf ihre Zirbeldrüse hin;
sie weiß nicht, wo sie sitzen tut,
allein ihr wird ganz fromm zu Sinn.

Christian Morgenstern   (Lit. 50)

Zu fällen einen schönen Baum,
braucht's eine halbe Stunde kaum.
Zu wachsen, bis man ihn bewundert,
braucht er, bedenk es, ein Jahrhundert.

Eugen Roth   (Lit. 7)

HERR VON RIBBECK AUF RIBBECK IM HAVELLAND

Herr von Ribbeck auf Ribbeck im Havelland,
Ein Birnbaum in seinem Garten stand,
Und kam die goldene Herbsteszeit
Und die Birnen leuchteten weit und breit,
Da stopfte, wenn's Mittag vom Turme scholl,
Der von Ribbeck sich beide Taschen voll,
Und kam in Pantinen ein Junge daher,
So rief er: »Junge, wiste 'ne Beer?«
Und kam ein Mädel, so rief er: »Lütt Dirn,
Kumm man röwer, ick hebb 'ne Birn.«

So ging es viel Jahre, bis lobesam
Der von Ribbeck auf Ribbeck zu sterben kam.
Er fühlte sein Ende. 's war Herbsteszeit,
Wieder lachten die Birnen weit und breit;
Da sagte von Ribbeck. »Ich scheide nun ab.
Legt mir eine Birne mit ins Grab.«
Und drei Tage drauf, aus dem Doppeldachhaus,
Trugen von Ribbeck sie hinaus,
Alle Bauern und Büdner mit Feiergesicht
Sangen »Jesu meine Zuversicht«,
Und die Kinder klagten, das Herze schwer:
»He is dod nu. Wer giwt uns nu 'ne Beer?«

So klagten die Kinder. Das war nicht recht,
Ach, sie kannten den alten Ribbeck schlecht;
Der *neue* freilich, der knausert und spart,
Hält Park und Birnbaum strenge verwahrt.
Aber der *alte*, vorahnend schon
Und voll Misstrauen gegen den eigenen Sohn,
Der wusste genau, was damals er tat,
Als um eine Birn' ins Grab er bat,
Und im dritten Jahr aus dem stillen Haus
Ein Birnbaumsprössling sprosst heraus.

Und die Jahre gehen wohl auf und ab,
Längst wölbt sich ein Birnbaum über dem Grab,
Und in der goldenen Herbsteszeit
Leuchtet's wieder weit und breit.
Und kommt ein Jung' übern Kirchhof her,
So flüstert's im Baume: »Wiste 'ne Beer?«
Und kommt ein Mädel, so flüstert's: »Lütt Dirn,
Kumm man röwer, ick gew' di 'ne Birn.«

So spendet Segen noch immer die Hand
Des von Ribbeck auf Ribbeck im Havelland.

Theodor Fontane (Lit. 25)

DER BAUM ALS DENKANSTOSS UND MEDITATIONSGEGENSTAND

.

───

DER ABEND

Schweigt der Menschen laute Lust:
Rauscht die Erde wie in Träumen
Wunderbar mit allen Bäumen,
Was dem Herzen kaum bewusst,
Alte Zeiten, linde Trauer,
Und es schweifen leise Schauer
Wetterleuchtend durch die Brust.

Joseph von Eichendorff   (Lit. 21)

GINGO BILOBA

Dieses Baums Blatt, der von Osten
Meinem Garten anvertraut,
Gibt geheimen Sinn zu kosten,
Wie's den Wissenden erbaut.

Ist es *ein* lebendig Wesen,
Das sich in sich selbst getrennt?
Sind es zwei, die sich erlesen,
Dass man sie als *eines* kennt?

Solche Frage zu erwidern,
Fand ich wohl den rechten Sinn;
Fühlst du nicht an meinen Liedern,
Dass ich eins und doppelt bin?

Johann Wolfgang von Goethe (Lit. 26)

TROST

Unsterblich duften die Linden –
Was bangst du nur?
Du wirst vergehn, und deiner Füße Spur
Wird bald kein Auge mehr im Staube finden.
Doch blau und leuchtend wird der Sommer stehn
Und wird mit seinem süßen Atemwehn
Gelind die arme Menschenbrust entbinden.
Wo kommst du her? Wie lang bist du noch hier?
Was liegt an dir?
Unsterblich duften die Linden –

Ina Seidel   (Lit. 57)

BÄUME

Bäume sind für mich immer die eindringlichsten Prediger gewesen. Ich verehre sie, wenn sie in Völkern und Familien leben, in Wäldern und Hainen. Und noch mehr verehre ich sie, wenn sie einzeln stehen. Sie sind wie Einsame. Nicht wie Einsiedler, welche aus irgendeiner Schwäche sich davongestohlen haben, sondern wie große vereinsamte Menschen, wie Beethoven und Nietzsche. In ihren Wipfeln rauscht die Welt, ihre Wurzeln ruhen im Unendlichen; allein sie verlieren sich nicht darin, sondern erstreben mit aller Kraft ihres Lebens nur das Eine: ihr eigenes, in ihnen wohnendes Gesetz zu erfüllen, ihre eigene Gestalt auszubauen, sich selbst darzustellen. Nichts ist heiliger, nichts ist vorbildlicher als ein schöner, starker Baum …

Hermann Hesse   (Lit. 31)

VOLL BLÜTEN

Voll Blüten steht der Pfirsichbaum,
Nicht jede wird zur Frucht,
Sie schimmern hell wie Rosenschaum
Durch Blau und Wolkenflucht.

Wie Blüten gehn Gedanken auf,
Hundert an jedem Tag –
Lass blühen! lass dem Ding den Lauf!
Frag nicht nach dem Ertrag!

Es muss auch Spiel und Unschuld sein
Und Blütenüberfluss,
Sonst wär die Welt uns viel zu klein
Und Leben kein Genuss.

Hermann Hesse   (Lit. 31)

Lasst uns die Bäume lieben,
die Bäume sind uns gut,
in ihren grünen Trieben
strömt Gottes Lebensblut.

Einst wollt' das Holz verhärten,
da hing sich Christ daran,
dass wir uns neu ernährten
ein ewiges Blühn begann.

Albert Steffen   *(Lit. 58)*

EINE BAUMBETRACHTUNG

Baum; – Gotteszeichen – in dir kann ich mich finden.

Stamm und Wurzelansätze
Ohne Wurzel kein Leben!
Unten – im Boden, in der Erde,
ganz im »Irdischen« hast du die Wurzeln.
Das Erste, was der Lebenskeim hervortreibt,
ist die Wurzel, die Erdung.
Wenn ich entwurzelt bin oder keine Wurzen schlage,
fehlt die Verbindung, die mich trägt,
hält und nährt.
Mein Boden ist das Vor-Gegebene:
Kultur und Tradition, das »Haus«, aus dem ich
»stamme«. Dort sind Wurzeln schon gewachsen,
bevor ich selbst zur Welt gekommen bin.
Und wenn ich da bin, brauche ich das Irdische, in das
ich ständig meine Wurzeln schlagen muss,
damit ich lebe. Wer leben will, muss Wurzeln schlagen.

Kleine Wurzeln
Jede Wurzel hat ihre kleinen Wurzeln.
Ihre Wurzelspitzen dringen ständig weiter in neues Erdreich.
Alles Große wächst aus kleinsten Wurzeln,
die aus unscheinbaren Kleinigkeiten Kraft gewinnen.
Den Anschluss an das große Leben gewinne ich
auch durch das Alltägliche, das mich umgibt, –
durch das Alltägliche, in das ich jederzeit
neue »Wurzelspitzen« treiben kann.

Stamm
Der Stamm. Ersteht im Spannungsfeld von
Oben und Unten, von Krone und Wurzel,
von Himmel und Erde. Er trägt, stützt und verbindet.
Die Kraft der Erde leitet er nach oben.
Wenn ich im Leben bin, dann ist das Leben auch in mir.
Ich werde tragfähig, belastbar und verbindend stark.
Belastbar, stehend und widerstehend
ist der Stamm. Ihn wirft nichts um.
Die unzähligen kleinen Vorgänge des Lebens
machen ihn stark und ständig stärker. –
Ich brauche mir nicht selbst die Festigkeit zu geben,
die ich zum Leben brauche.

Ich darf dem Leben trauen.
Ich darf dem trauen, der Leben geschaffen hat. –
Von ihm empfange ich die Stärke und die Sicherheit.

Stamm verzweigt sich
Der Stamm teilt sich in Stämme; aus vielen Wurzeln
Eins geworden, teilt er sich jetzt, wird mehr, wird viel. –
Auch ich muss mich entfalten, um mehr zu werden, als ich bin.
Ich muss riskieren, aus mir herausgehen,
mich zu teilen, zu verteilen – mich zu verschenken.
Sonst bleib ich einsam, eng und arm.

Baumkrone
Ganz oben in der Krone wächst das Leben ständig
über sich hinaus. Dort ist das Leben reich und nah.
Dort wird der Baum zur Heimat für viele Lebewesen.
Mein Leben wird gekrönt durch Offenheit. – Licht und Weite,
die Kraft von oben machen mich reif und reich für andere.
Im Empfangen und im Schenken wachse ich über
        mich selbst hinaus.

Verfasser unbekannt   (Lit. 46)

GIB AUF DICH ACHT ...*

Jedesmal, wenn du, wachsend, Lust haben wirst, die falschen Dinge in richtige Dinge zu verwandeln, erinnere dich daran, dass die erste Revolution, die man machen muss, im eigenen Inneren ist, das ist die erste und wichtigste. Für eine Idee zu kämpfen, ohne eine Idee von sich selbst zu haben, ist mit das Gefährlichste, was man tun kann.

Jedesmal, wenn du dich verloren fühlst, verwirrt, denk an die Bäume, an ihre Art zu wachsen. Denk daran, dass ein Baum mit einer großen Krone und wenig Wurzeln beim ersten Windstoß umgerissen wird, während bei einem Baum mit vielen Wurzeln und kleiner Krone die Säfte nicht richtig fließen. Wurzeln und Krone müssen gleichermaßen wachsen, du musst in den Dingen und über den Dingen sein, nur so wirst du Schatten und Schutz bieten können, nur so wirst du zur rechten Jahreszeit blühen und Früchte tragen können.

Susanna Tamaro, aus »Geh, wohin dein Herz dich trägt«   (Lit. 59)

DER BAUM ALS KULTURSPENDER

Wer von Kairo aus in Richtung Nordosten durch die arabische Wüste zur Sekem-Farm fährt, erlebt einen kaum zu überbietenden landschaftlichen und damit auch seelischen Kontrast. Die Wüste vermittelt hier mit Macht den Eindruck von Weite, von Fläche, von meist endlosem Horizont, von eintöniger Sandfarbe; Grenzzone des Todes. Und dann plötzlich die Sekem-Farm. Das erste, was man schon von weitem erkennt: das dominante lebendige Grün in allen Nuancen und Schattierungen, der etwa dreißig Meter breite »Wald« von Sekem, der die ganze Farm einrahmt, abgrenzt, schützend abschirmt gegen die Wüstenumgebung. Wenn man am Eingang diesen Wald passiert hat, liegt mit einem Mal strahlend und leuchtend die blühende Oase Sekem vor einem. Große Bäume säumen rechts und links viele Alleen und Wege, die sich über die ganze siebzig Hektar große Mutterfarm erstrecken und sie in landwirtschaftliche Zellen sowie Schul- und Ausbildungsbereiche gliedern ...

Wohin auch immer wir aber die Schritte lenken, Bäume begleiten und erwarten uns. Sekem ohne Bäume, das ist nicht vorstellbar. Und doch: Vor fünfzehn Jahren stand hier noch kein einziger Baum, war hier die pure Wüste.

Wer in die Wüste Leben bringen will, braucht zuerst Wasser. Also wurden Brunnen gebohrt. Dann wurden Löcher gegraben und Bäumchen verschiedenster Sorten hineingesetzt ...

Was das Verhältnis des Baumes zum Menschen betrifft, so kann man hier deutlich wahrnehmen, wie Menschen, die jahrelang durch diese Alleen gehen und in dieser Baumumgebung ihre Arbeit tun, heute ganz aufrecht gehen, wie der mittlerweile zwölf bis fünfzehn Meter hohe Sekem-Baum die Menschen in die Vertikale hineinstellt, ihn aufrichtet. Man kann beobachten, wie die Menschen heute ganz anders miteinander sprechen und umgehen als früher: Im Kühle spendenden Schatten der Bäume hält sich der Mensch der heißen Wüste natürlich gerne auf. Was für den Europäer der klare blaue Himmel mit der Wärme spendenden Sonne ist, das ist für den Menschen in der Wüste der Baum mit dem Schatten, als Symbol der »Idylle«, des wacheren Bewusstseins sozusagen. Man kann darum sagen: Die in Sekem arbeitenden Menschen, die Kinder und die Jugendlichen, die hier zur Schule gehen, hätten dies alles nicht in dieser Form tun können ohne den Baum, ohne diesen Schutzschirm, ohne diese Atmosphäre und Kraftzone, die der Baum ausstrahlt und hergibt.

Ibrahim Abouleish, Gründer der Sekem-Farm   (Lit. 63)

DIE FRUCHT

Das stieg zu ihr aus Erde, stieg und stieg,
und war verschwiegen in dem stillen Stamme
und wurde in der klaren Blüte Flamme,
bis es sich wiederum verschwieg.

Und fruchtete durch eines Sommers Länge
In dem bei Nacht und Tag bemühten Baum,
und kannte sich als kommendes Gedränge
wider den teilnahmsvollen Raum.

Und wenn es jetzt im rundenden Ovale
mit seiner vollgewordnen Ruhe prunkt,
stürzt es, verzichtend, innen in der Schale
zurück in seinen Mittelpunkt.

Rainer Maria Rilke   (Lit. 55)

LEBENSPAAR

Zwei alte Bäume
ungleich
aber irgendwie ähnlich.
Aneinandergelehnt
mit vielen Fasern verbunden
bleibt getrennt doch ihr Leben.

Zittert der Eine
stützt ihn der Andere
solange er kann.
Und muss Einer fallen
fällt auch der Andere
oder er wird sich neu gestalten.

Wolfgang Dunz   *(Lit. 18)*

WELKES BLATT

Jede Blüte will zur Frucht,
Jeder Morgen Abend werden,
Ewiges ist nicht auf Erden
Als der Wandel, als die Flucht.

Auch der schönste Sommer will
Einmal Herbst und Welke spüren.
Halte, Blatt, geduldig still,
Wenn der Wind dich will entführen.

Spiel dein Spiel und wehr dich nicht,
Lass es still geschehen.
Lass vom Winde, der dich bricht,
Dich nach Hause wehen.

Hermann Hesse   (Lit. 31)

Siehe, was ist er? Woraus entspringt er? Woher kommt er mit seinen Wurzeln, mit seinem Stamm, mit seinen Ästen, mit seinen Zweigen, mit seinen Früchten? Siehe, du legst einen kleinen Kern in die Erde. In ihm ist des Baumes Geist. In ihm ist des Baumes Wesen.
Er ist des Baumes Samen.

Johann Heinrich Pestalozzi   (Lit. 54)

DAS BAUMJAHR

Aus lichtbeglänzten Winterträumen
erwacht im Frühling aus den Bäumen
die duftend bunte Blütenpracht
zu Lebensfest, zur Hochzeitsnacht.
Geliebt, die Blüte rasch vergeht,
sie stirbt vom Wind ins Blau verweht,
doch zwischen grüner Blätterflucht
geborgen, wächst der Bäume Frucht
zu Wunder, dass von Herzen geben,
erhält, und zeuget neues Leben.
Zeit gleitet in die Ewigkeit.
Die Bäume strecken sich ganz weit,
sie stehn in feurigem Gewand
in Liebe zu der Welt entbrannt.
Herbstgold'nes Licht fließt in sie ein,
mild führt das Jahr vom Tun zum Sein.

Bald ruhen sie in Winterstille.
Und in den Knospen, in der Hülle,
kaum sichtbar für die äußre Welt
liegt schon des nächsten Lebens Fülle,
ein Ring, das Jahr dem Baum vermählt.

Ach fände nur in unser Menschenleben
der Bäume Gleichklang zwischen Sein und Streben.

Beatrice Fabricius   (Lit. 23)

BAUMSPRÜCHE

VON DEN SIEBEN BÄUMEN ZU DEN SIEBEN PLANETEN

Johannes Hemleben   *(Lit. 65)*

SONNTAG – SONNE

Es spricht die durchlichtete, hochragende Esche, der Baum der goldenen Sonne:

»O Mensch, sei aufrecht und vornehm, vergeude dich nicht an Unwürdiges. Sei dir deines Menschenadels bewusst.«

MONTAG – MOND

Es spricht der silberne Mond zur Maienzeit, durch den blühenden Kirschbaum, dessen Blüten im Sommer zu Früchten reifen:

»O Mensch, verwandle gleich der Pflanze das Untere in das Obere, läutere die Triebe. Werde reif und ernte Lebensfrüchte.«

DIENSTAG – MARS

Es spricht der knorrige Eichbaum, der Diener des eisernen Mars:

»O Mensch, wurzele in Tiefen und rage in Höhen. Sei kraftvoll und stark. Sei Kämpfer, Ritter und Schützer.«

MITTWOCH – MERKUR

Es spricht der quecksilberne Merkur durch das lebendige Wachstum der Ulme und deren geflügelte Samen:

»O Mensch, bewege dich, sei regsam, lebendig und schnell.«

DONNERSTAG – JUPITER

Es spricht der Ahorn mit seinen gespreiteten Blättern, der Baum des Jupiter, dem das Zinn heilig ist:

»O Mensch, überwinde die Hast und die Hetze in dir. Suche Stunden der Ruhe, in denen Güte und Weisheit geboren werden können.«

FREITAG – VENUS

Es spricht die kupferne Venus durch die jungfräuliche, weißschimmernde Birke, die schwach wurzelt und viel Licht trinkt:

»O Mensch, bilde an deiner Seele. In Zartheit, bewundere liebend die Schönheit aller Welt.«

SAMSTAG – SATURN

Es spricht der bleierne Saturn durch die Bäume des dunklen Waldes, durch Tannen, Buchen und Zypressen:

»O Mensch, fühle die Verantwortung für die Not deiner Zeit und der ganzen Menschheit. Ergreife mit Innigkeit und Ernst die Aufgabe, die dir das Leben stellt.«

VERZEICHNIS DER AUTOREN

VERZEICHNIS DER ABBILDUNGEN

LITERATUR- UND QUELLENANGABEN

1   Aitmatow, Tschingis: Novellen, Erzählungen, Autobiographie. Volk und Welt, Berlin ⁶1984.

2   Ansichten eines Kastanienbaums. Photographien von Michael Weber. Mit Baum-Worten/Wort-Bäumen von U. Weymann, H. Lux und G. Joedicke. © Möllmann, Schloss Hamborn 2000.

3   Arnim, Achim von: Werke in 6 Bden. Bd. 5: Gedichte. Deutscher Klassiker-Verlag, Frankfurt/M. 1994.

4   Ausländer, Rose: Gesammelte Werke in 7 Bden. Hrsg. von Helmut Braun. [Bd. 4:] Im Ascheregen die Spur deines Namens. Gedichte und Prosa 1976. © S. Fischer, Frankfurt/M. 1984.

5   Dies.: Gesammelte Werke in 7 Bden. Hrsg. von Helmut Braun. [Bd. 6:] Wieder ein Tag aus Glut und Wind. Gedichte 1980–1982. © S. Fischer, Frankfurt/M. 1986.

6   Dies.: Gesammelte Werke in 7 Bden. Hrsg. von Helmut Braun. [Bd. 7:] Und preise die kühlende Liebe der Luft. Gedichte 1983–1987. © S. Fischer, Frankfurt/M. 1988.

7   Bäume. Bilder und Texte aus 3 Jahrtausenden. Hrsg. von Gerda Gollwitzer. Schuler, Herrsching 1980.

8   Bertram, Ernst: Gedichte. Insel-Verlag, Leipzig ⁴1924.

9   Busch, Gudrun: Jeder Tag ist ein kleines Leben. R. G. Fischer Verlag, Frankfurt/M. 1991.

10 Carossa, Hans: Sämtliche Werke. Bd. 1. © Insel, Frankfurt/M. 1962.

11 Claudius, Hermann: Das Wolkenbüchlein. Bertelsmann, Gütersloh 1948.

12 Dauthendey, Max: Gesammelte Gedichte und kleinere Versdichtungen. Albert Langen, München 1930.

13 Däubler, Theodor: Dichtungen und Schriften. Kösel, München 1956.

14 Demandt, Alexander: Über allen Wipfeln. Der Baum in der Kulturgeschichte. Böhlau, Köln 2002.

15 Deutsche Lyrik. Von den Anfängen bis zur Gegenwart. Hrsg. von Walther Killy. Bd. 5. Deutscher Taschenbuch-Verlag, München 2001.

16 Domin, Hilde: Gesammelte Gedichte. © S. Fischer Verlag, Frankfurt/M. 1987.

17 Die Drei. Zeitschrift für Wissenschaft, Kunst und Soziales Leben. 1980, H. 7/8.

18 Dunz, Wolfgang: unveröffentlichtes Manuskript.

19 Die Edda. Die ältere und jüngere Edda und die mythischen Erzählungen der Skalda. Übers. von Karl Simrock. Phaidon, Essen 1986.

20 Eich, Günter: Gesammelte Werke. Bd. 1: Die Gedichte. © Suhrkamp, Frankfurt/M. 1973.

21 Eichendorff, Joseph von: Werke in 1 Bd. Berlin: Aufbau-Verlag [7]1986.

22 Erhardt, Heinz: oft zitiert und ihm zugeschrieben, keine gedruckte Quelle vorhanden.

23 Fabricius, Beatrice: unveröffentlichtes Manuskript.

24 Fontane, Theodor: Sämtliche Werke. Bd. 20. Nymphenburger, München 1962.

25 Ders.: Sämtliche Werke. Bd. 22. Nymphenburger, München 1964.

26 Goethe, Johann Wolfgang von: Werke. Hamburger Ausgabe in 14 Bden. Bd. 2. Beck, München 1981.

27 Goethe, Johann Wolfgang von: Werke. Vollständige Ausgabe letzter Hand. Bd. 47. Cotta, Stuttgart 1833.

28 Hauptmann, Gerhart: Sämtliche Werke. Hrsg. von Hans-Egon Hass. Bd. 11: Nachgelassene Werke. Fragmente. © Ullstein, Frankfurt/M. 1974.

29 Die Heilige Schrift des Alten und Neuen Testaments. Verlag der Zürcher Bibel, Zürich 1993.

30 Heine, Heinrich: Sämtliche Werke in 14 Bden. Bd. 1: Buch der Lieder. Kindler, München 1964.

31 Hesse, Hermann: Bäume. Betrachtungen und Gedichte mit Fotografien von Imme Techentin. © Insel, Frankfurt/M. 1984.

32 Hille, Peter: Gesammelte Werke. Berlin: Schuster & Loeffler 1916.

33 Hofmannsthal, Hugo von:: Gesammelte Werke in zehn Einzelbänden. Bd. 8: Reden und Aufsätze I. Fischer Taschenbuch Verlag, Frankfurt/M. 1979.

34 Huchel, Peter: Gedichte. Ausw. u. Nachw. v. Peter Wapnewski. © Suhrkamp, Frankfurt/M. [3]2001.

35 Humboldt, Wilhelm von: Briefe an eine Freundin (Charlotte Diede), (Brief vom 12. 9. 1824). Verlag der Nation, Berlin 1986.

36 Kästner, Erhart: Ölberge, Weinberge. © Insel, Frankfurt/M. 1974.

37 Kästner, Erich: Werke in 9 Bden. Bd. 1: Zeitgenossen haufenweise. Hanser, München 1998.

38 Kalevala. Übers. von Lore u. Hans Fromm. Hanser, München 1967.
39 Kasack, Hermann: Das ewige Dasein. Suhrkamp, Frankfurt/M. 1949.
40 Kerner, Charlotte: »Alle Schönheit des Himmels«. Die Lebensgeschichte der Hildegard von Bingen. Beltz & Gelberg, Weinheim 1993, S. 30f.
41 Klee, Paul: Gedichte. Hrsg. von Felix Klee. © Arche, Zürich 1996.
42 Lang, Dorothee: unveröffentlichtes Manuskript.
43 Lasker-Schüler, Else: Gesammelte Werke. Kösel, München 1959.
44 Lied aus Masuren, mitgeteilt von Frau Layer, Musiktherapeutin Filderklinik.
45 Lodahl, Petra: unveröffentlichtes Manuskript.
46 Mitgeteilt vom Hrsg., Verfasser unbekannt.
47 Meyer, Conrad Ferdinand: Sämtliche Werke. Bd. 2. Winkler, München o. J.
48 Monatsschrift für das Forst- und Jagdwesen. Hrsg. von Franz Baur. Druck & Verlag Friedrich Schweizerbart, Stuttgart 1867.
49 Morgenstern, Christian: Werke und Briefe. Stuttgarter Ausgabe. Bd. 1: Lyrik 1887–1905. Verlag Urachhaus, Stuttgart 1988.
50 Ders.: Werke und Briefe. Stuttgarter Ausgabe. Bd. 3: Humoristische Lyrik. Verlag Urachhaus, Stuttgart 1990.
51 Müller, Wilhelm: Gedichte. Behr, Berlin 1906.
52 Münchhausen, Börries Freiherr von: Das Balladenbuch. Deutsche Verlagsanstalt, Stuttgart 1959.
53 Das Neue Testament. Übersetzung in der Originalfassung von Emil Bock. Verlag Urachhaus, Stuttgart 1998.

54 Pestalozzi, Johann Heinrich: Sämliche Schriften. Bd. 9. Cotta, Stuttgart 1922.

55 Rilke, Rainer Maria: Sämtliche Werke. Bd. 2: Gedichte. Zweiter Teil. Insel, Frankfurt/M. 1956.

56 Schuhböck, Gebhard: Heimat und Fremde. Gedichte. Josef Markthaler Druck u. Verlag, München 1954.

57 Seidel, Ina: Gedichte. Festausgabe zum 70. Geburtstag der Dichterin. Deutsche Verlagsanstalt, Stuttgart 1955.

58 Steffen, Albert: Ausgewählte Werke in 4 Bden. Bd. 1. Verlag Freies Geistesleben, Stuttgart, und Verlag Schöne Wissenschaften, Dornach 1984.

59 Tamaro, Susanna: Geh, wohin dein Herz dich trägt. © Diogenes, Zürich 1995.

60 Uhland, Ludwig: Werke. Hrsg. v. Hartmut Fröschle und Walter Scheffler. Bd. 1. Winkler, München 1980.

61 Sechzig Upanishad's des Veda. Aus dem Sanskrit übers. von Paul Deussen. Brockhaus, Leipzig 1905.

62 Waggerl, Karl Heinrich: Heiteres Herbarium. Otto Müller-Verlag, Salzburg 1950.

63 Weleda Nachrichten. 1994, H. 193 D.

64 Zuckmayer, Carl: Als wär's ein Stück von mir. © Fischer-Taschenbuch-Verlag, Frankfurt/M. 2006.

65 Die zwölf heiligen Nächte. Hrsg. von Isabel Anderson. © Verlag für Anthroposophie, Dornach 2009 (= Ogham-Bücherei 64).

Wir danken allen Verlagen und Inhabern der Rechte herzlich für die freundlich erteilte Abdruckgenehmigung. Bei der Vielzahl der Beiträge ist es oft nicht möglich, die Urheberrechtssituation sofort eindeutig zu klären. Sollte sich deshalb bei einzelnen Beiträgen nach Drucklegung noch ein Honoraranspruch ergeben, so sind wir selbstverständlich gerne bereit, diesen zu den üblichen Sätzen nachträglich zu vergüten.

* Mit Sternchen gekennzeichnete Titel entsprechen nicht dem Original, sondern wurden vom Herausgeber formuliert.